Martin Göth / Paul Weininger

Aus unserer KiGo-Werkstatt

Kindergottesdienste
für Fastenzeit und Ostern

Für Kindergarten und Kinder-kirche

D1722556

DON BOSCO

Gottesdienst feiern mit kleinen Kindern

Die vorliegenden Wort-Gottes-Feiern haben Kinder im Alter von vier bis acht Jahren im Blick. Dazu gedacht werden können natürlich alle kleineren Kinder, alle Grundschulkinder und alle Eltern bzw. Großeltern. – Zentral ist in diesen Feiern das „Wort Gottes", die Frohe Botschaft des Evangeliums und zunächst nicht die Eucharistie- oder Abendmahlsfeier. Die Kinder können so im liturgischen Raum und Rahmen mit einer ihnen gemäßen Form des Gottesdienstes vertraut werden und in den Ablauf der großen Feier von Eucharistie bzw. Abendmahl hineinwachsen. Dennoch ist es möglich, die Gottesdienste in einen Sonntagsgottesdienst mit Eucharistiefeier zu integrieren.

Der vorliegende Band bietet Gottesdienstmodelle für den Kirchenraum an. Dadurch wird das Gotteshaus als zentraler Ort für den Gottesdienst herausgehoben. Natürlich sind die Feiern auch denkbar im Freien, in einem Gemeindesaal oder im Stuhlkreis der Gruppe (Kindergarten/Schule). In solchen Fällen bietet sich der Einsatz einer Jesus-Kerze an: eine große Kerze, die das Zentrum des Kreises bildet und mit passenden Wachssymbolen verziert ist. Zu Beginn der Feier wird sie angezündet und bietet schon kleinen Kindern ein vertrautes und verbindendes Signal.

Den Gottesdienstmodellen sind jeweils Hinweise für das Vorbereitungsteam vorangestellt mit einer inhaltlichen und/oder organisatorischen Einführung zum jeweiligen Gottesdienst.

Zu jedem Gottesdienst in diesem Buch gehören Materialvorlagen (Ausmalbilder, Bastelbogen, Vordrucke) oder Sticker als Zeichen/„Mitgebsel", die die Kinder zum Schluss des Gottesdienstes und als Erinnerung erhalten. Über einen Zugangscode im Internet können diese Vorlagen kostenlos ausgedruckt werden (s. vordere Umschlagseite innen).

Zum Ablauf der Gottesdienste in diesem Band

Die folgende Ablaufbeschreibung will eine Hilfe sein für eine sinnvolle Strukturierung. Sie zeigt wesentliche Teile eines Wortgottesdienstes. Klar ist aber auch, dass sie manchmal auf den eigenen Bedarf und auf die spezielle Situation hin verändert werden muss.

- **Eingangslied:** Es führt auf das Thema hin und könnte in der Begrüßung danach aufgegriffen werden.
- **Beginn und Begrüßung/Impuls zum Thema:** Eine christliche Feier beginnt grundsätzlich mit dem Kreuzzeichen: „Im Namen des Vaters und des Sohnes und des Heiligen Geistes." Wenn alle daraufhin „Amen" sagen, dann ist damit gemeint: „Ja, so sei es! Ich glaube, dass wir in Gottes Namen zusammen sind und feiern."
- **Kyrierufe mit Kehrvers und Bußakt:** In diesem besonderen Gebet sprechen wir direkt Jesus an (darum diese Bezeichnung, die vom griechischen „Kyrios" (d.h. „Herr") abgeleitet ist. Wir sagen Jesus, was wir von ihm glauben und was er für uns ist, z.B. „Jesus, du bist das Licht!" oder „Jesus, du bist bei uns".
- **Lobpreis- oder/und Halleluja-Lied (entfällt in der Advents- und Fastenzeit):** Es bringt die Freude zum Ausdruck, dass Gott sich den Menschen zuwendet. Die gleiche Funktion hat das Glorialied in der Feier der Heiligen Messe.
- **Bibellesung, meist in erzählender Form (mit Angabe der Schriftstelle):** In den vorliegenden Gottesdienstmodellen sind die Bibelstellen frei und kindgemäß nacherzählt. Die Bibelstellen und ihre Parallelstellen sind angegeben. Grundsätzlich ist es wichtig, dass sich das Vorbereitungsteam und die der Feier vorstehende Person mit der Stelle aus der Heiligen Schrift persönlich auseinandersetzen: Was sagt mir der Text und was möchte ich dazu sagen? Darum kann die abgedruckte Erzählform in den einzelnen Modellen wiederum „nur" ein Vorschlag sein.

- **Aktion (eventuell auch ein Spiellied):** Die Kinder dürfen aktiv und bewegt mit-machen, was zum Beispiel auch in Form eines Spielliedes oder eines szeni-schen Spieles geschieht.
- **(Für-)Bitten:** In den Modellen finden sich viele Anregungen zu weniger oder mehr ausformulierten Bittmotiven, die jederzeit durch eigene, persönliche (Für-)Bitten ergänzt werden können. – Wenn nicht anders angegeben, antwor-ten die Gläubigen auf die Fürbitte: „Wir bitten dich, erhöre uns." Dieser Ge-betsruf kann auch gesungen werden (s. Seite 40).
- **Vaterunser:** Dieses Gebet verbindet uns direkt mit der Gebetspraxis Jesu. Es ist ein biblisches Gebet und hat in der Heiligen Schrift seinen Ursprung (vgl. Mt 6,9–13). Das Vaterunser ist ein wesentlicher Bestandteil des Gottesdiens-tes und wird oft als Zusammenfassung der Fürbitten gesehen. Das Vaterunser kann auch feierlich gesungen werden.
- **Friedensgruß:** Friede bedeutet mehr als „nicht Krieg". Das hebräische Wort dafür, „Schalom", meint: Heil, Wohlergehen, Einigkeit, umfassende Gesund-heit an Leib und Seele. Der Friedensgruß wiederum besteht eigentlich aus drei Teilen: Aus dem Friedensgebet der vorstehenden Person, aus der Zusage des Friedens und aus der Friedensgeste der Gläubigen.
- **Friedenslied:** Es wird von der feiernden Gemeinde gerne aufgenommen, wenn während des Friedensgrußes ein Friedenslied gesungen wird, um die Aussage, dass man sich gegenseitig den Frieden wünscht, zu unterstreichen.
- **Dankgebet:** Dieses Gebet hat einen zusammenfassenden Charakter. Es bringt die menschliche Antwort auf ein vorausgehendes Handeln Gottes gegenüber uns Menschen zum Ausdruck. Darum haben Gebete meistens einen struk-turierten Aufbau, der zugleich eine gute Formulierungshilfe bietet: die Ge-betseinladung, die Anrede an Gott, den Lobpreis Gottes für ein bestimmtes göttliches Handeln, die Bitte um göttliche Zuwendung und Hilfe, die Gebetsab-schlussformel und das „Amen". Was das Dankgebet betrifft, so wird natürlich ein Dankmotiv darin vorkommen.

- **Segen und Entlassung:** Eine Feier endet mit dem Segen für die Gemeinde und mit der Sendung der Gemeinde. Der/die Leiter/in kann die übliche Segensformel verwenden:

  L: „Es segne uns der gute Gott, der Vater, der Sohn und der Heilige Geist!" (Dazu wird das Kreuzeichen gemacht.)

  A: „Amen".

  L: „Gehet hin in Frieden."

  A: „Dank sei Gott, dem Herrn."

  Bei besonderen Anlässen (z. B. Anfangs- oder Schlussgottesdienst) ist es ein eindrucksvolles Zeichen, Einzelsegen zu schenken. Dazu kommt jedes Kind nach vorne, die vorstehende Person fragt es nach dem Namen und segnet es ganz persönlich (z. B. durch Handauflegung auf den Kopf; die Eltern, oder ein/e Angehörige/r des Kindes könnten währenddessen die rechte Hand auf die Schulter des Kindes legen).

  Früher war der Segen noch stärker mit dem Gedanken der Sendung verbunden. Es hieß sinngemäß: „Geht hin, das ist Sendung!" Wenn heute zugesprochen wird: „Gehet hin in Frieden!", dann könnte uns dies noch einmal an den Friedensgruß erinnern: Wir schenken ihn uns gegenseitig. So könnte der Segen verstanden werden: „Gehet hin und gebt den Frieden unter den Menschen weiter!" Segnen darf grundsätzlich jeder Mensch, sofern es tatsächlich in der Intention von „jemanden etwas Gutes zusagen" (Lateinisch: „benedicere") geschieht.

- **Schluss- oder Segenslied:** Zum Schluss sollte die ganze Gemeinde noch einmal in ein Lied einstimmen, um die Feier gemeinsam zu beenden.

Winzig klein und riesengroß

Frühling, Wachsen und Reifen, Anfangen

Für das Vorbereitungsteam

Im Gleichnis vom Senfkorn sagt Jesus: Niemand ist minderwertig oder unterlegen. Denn mit den Augen Gottes betrachtet ist jeder Mensch, so klein und unbedeutend er sich auch fühlen mag, jetzt schon riesengroß!

„Wenn ich einmal groß bin ..." Mit diesen Worten drücken Kinder oft ihre Unzufriedenheit darüber aus, dass sie vieles nicht tun dürfen oder können, was bei Erwachsenen selbstverständlich scheint. Damit verbunden ist oft ein Gefühl der Minderwertigkeit und Unterlegenheit. Ein Blick in die erwachende Natur im Frühling kann bewusst machen, dass jede Phase des Wachsens und Reifens – vom Keimen über das Blühen bis zum Fruchtbringen – wichtig ist und ihren ganz eigenen Charme besitzt. Das führt vor Augen, welche ungeheuerliche Möglichkeiten bereits in einem kleinen Samenkorn stecken. Jesus greift diese Beobachtung auf und überträgt sie auf uns Menschen und auf seine Botschaft vom Reich Gottes.

Vorzubereiten sind:
- Senfkörner für alle Kinder
- „Garten" = ockerfarbenes, hellbraunes oder gelbes Tuch, umgeben von einem Zaun (z.B. Playmobil o. ä.)
- „Baum" = Zweige in einen mit einem braunen Tuch umwickelten Kübel stellen bzw. ein kleines Bäumchen im Topf (wenn die Zweige nicht zum Mitgeben vorgesehen sind).
- Bei einer überschaubaren Gruppe wird für jedes Kind ein Zweig eingeplant. Jedes Kind darf dann einen Zweig und ein Senfkorn mitnehmen.
- Die Fürbitten (Seite 11f.) auf Streifen werden in 6 verschiedenen Farben kopiert und mit einer Schlaufe zum Aufhängen an den Zweigen versehen.

- Zu Beginn wird an jedes Kind eine Fürbitte verteilt. Wird dann die Fürbitte einer Farbe vorgelesen, kommen alle Kinder mit der gleichen Farbe zum „Baum" und hängen ihre Fürbitte an einen Zweig.
- Bei großen Gruppen werden die Fürbitten nur für die Sprecher/innen kopiert und die vorgelesene Fürbitte an den „Baum" gehängt.
- Zum Mitgeben am Ende des Gottesdienstes: Ausmalbild „Vom Senfkorn zum Baum". An der Wurzel des Baumes ist ein freier Platz, um das Senfkorn einzukleben oder ein Senfkorn einzuzeichnen. (Zum Download des Ausmalbildes siehe Umschlaginnenseite vorne.)

PDF Mit Download

Eingangslied   **Wir sind zu dir gekommen**

Seite 37

Begrüßung

Im Namen Gottes sind wir jetzt zu unserem Gottesdienst zusammengekommen: kleine Leute und große Leute, Kinder und Erwachsene. Es ist gut, dass die Großen dabei sind: Sie passen auf, dass den ganz Kleinen nichts passiert, dass niemand die Kleinen übersieht und über sie stolpert.
Kleine Kinder sagen oft: Ich möchte gern groß und stark sein wie ein Riese. Wenn ich groß und stark bin, dann kann mich keiner übersehen und dann brauche ich vor niemanden Angst haben. An der Tür habt ihr ein winzig kleines Senfkorn bekommen. Es wird uns etwas Wichtiges zeigen und uns Mut machen. Einer, der uns immer wieder Mut machen will, ist Jesus. Auf Seine Botschaft wollen wir heute hören.

Kyrie

Leiter/in:	Jesus, du bist ein Freund der Kinder.
Alle:	Herr, erbarme dich unser.
Leiter/in:	Jesus, du sorgst dich um die Kleinen und Schwachen.
Alle:	Christus, erbarme dich unser.
Leiter/in:	Jesus, du lädst auch uns alle ein zu deinem Fest.
Alle:	Herr, erbarme dich unser.
Leiter/in:	Jesus, wir freuen uns, dass du uns eingeladen hast. Wir feiern gerne mit dir und mit allen, die heute hier sind. Dafür danken wir dir.
Alle:	Amen.

Hinführung zur Bibelstelle

Sofern noch nicht zu Beginn des Gottesdienstes geschehen, wird an jedes Kind ein Senfkorn verteilt.

Ihr habt ein Senfkorn bekommen. Wir schauen uns das Senfkorn genau an.

Die Kinder sollen jetzt „ihr" Senfkorn genau untersuchen, tasten, fühlen ...

Ein Senfkorn ist so klein, dass man es fast nicht sehen kann. Wir wollen aber unsere Senfkörner nicht übersehen. Deshalb könnt ihr sie jetzt hier vorne in unseren kleinen „Garten" legen.

Die Kinder kommen nach vorne und legen die Senfkörner in den „Garten" und setzen sich um den Garten herum.

Lied: Das kleine Senfkorn

Seite 46, 1. und 2. Strophe

Bibelstelle　　**Das Gleichnis vom Senfkorn**

Jesus kommt mit seinen Freunden in ein kleines Dorf. Die Freunde sind traurig. Sie sagen: „Niemand will die Botschaft von Gott hören. Niemand will zu uns gehören. Wir sind nur einfache und schwache Menschen und wir sind auch nur eine winzig kleine Gruppe!"

Da sagt Jesus: „Passt auf! Mit dem Reich Gottes ist es wie mit einem Senfkorn. Das Senfkorn ist das kleinste und winzigste Samenkorn von allen. Aber wenn man es im Garten in die Erde steckt, dann wächst es und wächst und wird zu einem riesengroßen Baum – so groß, dass sogar die Vögel ihre Nester in seinen Zweigen bauen können. So wird es auch mit uns und unserer Botschaft sein. Unsere Gemeinschaft ist winzig klein und schwach. Aber durch uns und unsere Gemeinschaft wächst das Reich Gottes unter den Menschen. Es wächst und wächst und wird riesengroß. Darum freut euch: Vor den Menschen sind wir zwar winzig klein, aber vor Gott sind wir riesengroß!"

(nach Lukas 13,18–19)

Aktion

Lied vom Senfkorn und Aufstellen des „Baumes" im „Garten"

Wir singen die 3. bis 5. Strophe des Liedes vom Senfkorn.
(Während des Liedes wird der „Baum" in die Mitte des „Gartens" gestellt.)
Was wird mit dem Senfkorn geschehen?, haben wir in der 2. Strophe gefragt. Jetzt wissen wir es: Aus dem Senfkorn wird ein riesengroßer Baum. Nun wollen wir uns noch

einmal genau anschauen und spielen, was im Lied geschieht. Dazu singen wir unser Lied nochmals von Anfang an.

Das Lied wird nochmals gesungen und die Kinder machen die folgenden Gesten dazu:
1. Strophe: Die Kinder stellen sich auf.
2. Strophe: Die Kinder gehen in die Hocke und machen sich ganz klein.
3. Strophe: Die Kinder stehen langsam auf, strecken die Hände in die Höhe.
4. Strophe: Die Kinder breiten die Arme langsam aus.
5. Strophe: Die Kinder fassen ihre Nachbarn an den Händen, bilden einen Kreis und gehen evtl. im Kreis herum.

Wir haben es gespürt: Aus etwas winzig Kleinem wird etwas Riesengroßes. Von Jesus lernen wir: Gott sieht im kleinen Senfkorn bereits den großen Baum. Darum haben bei Gott die Kleinen immer den Vorrang. Im Reich Gottes müssen sich die Großen nach den Kleinen richten. In unserer Welt und auch in der Kirche ist es leider oft umgekehrt. Deshalb wollen wir jetzt Gott bitten, dass sein Reich bei uns beginnt.

Fürbitten

Wenn farbige Fürbitt-Zettel an alle Kinder verteilt wurden, hält der/die Sprecher/in den Zettel in die Höhe, damit die Farbe erkannt wird und/oder sagt die Farbe an. Wenn die Fürbitte ausgesprochen ist, hängen die entsprechenden Kinder ihren Fürbitt-Zettel an einen Ast.
Wenn nur die Sprecher/innen einen Zettel haben, hängen diese ihre Fürbitte an einen Zweig.

Leiter/in: Gott, in deinem Reich sind die winzig Kleinen riesengroß.
In den kleinen Anfängen siehst du bereits das große Ziel.

Für die vielen kleinen Menschen auf der Welt – für die, die klein sind und für die, die sich klein fühlen – rufen wir nun zu dir:

Sprecher/in: Wir bitten dich für alle Kleinen, die sich schwach und hilflos fühlen: Mach die Kleinen stark!

Alle: Mach die Kleinen stark!

Sprecher/in: Wir bitten dich für alle Kleinen, die traurig und einsam sind: Mach die Kleinen froh!

Alle: Mach die Kleinen froh!

Sprecher/in: Wir bitten dich für alle Kleinen, die sich nutzlos und unwichtig fühlen: Mach die Kleinen selbstbewusst!

Alle: Mach die Kleinen selbstbewusst!

Sprecher/in: Wir bitten dich für alle Kleinen, die sich selbst nichts zutrauen: Mach die Kleinen mutig!

Alle: Mach die Kleinen mutig!

Sprecher/in: Wir bitten dich für alle Kleinen, die ausgegrenzt oder unterdrückt/ gemobbt werden: Mach die Kleinen frei!

Alle: Mach die Kleinen frei!

Sprecher/in: Wir bitten dich für alle Kleinen, die arm, krank oder alt sind und die in unserer Gesellschaft benachteiligt werden: Mach die Kleinen groß!

Alle: Mach die Kleinen groß!

Leiter/in: Guter Gott, dein Reich wird unter uns wachsen. Jesus hat den Jüngern aufgetragen, dass sie immer wieder bitten sollen: Dein Reich komme! Darum bitten auch wir dich nun mit dem Gebet, das Jesus uns gelehrt hat:

Vaterunser

Friedensgruß

Im Reich Gottes sind die Kleinen der Maßstab. Das ist das Geheimnis des Friedens. Diesen Frieden hat uns Jesus gebracht. Dieser Frieden wird unter uns wachsen, wenn die Großen auf die Kleinen achten.

Wenn für jedes Kind ein Zweig vorgesehen ist:
Darum bekommen die Kinder nun an Stelle des Senfkornes einen Zweig aus unserem Baum. Winkt den Erwachsenen damit zu und wünscht ihnen den Frieden. *Die Kinder holen sich einen Zweig, gehen zu ihren Eltern bzw. den Erwachsenen, winken und wünschen ihnen den Frieden.*

Wir wünschen einander: Der Friede sei mit dir!

Friedenslied **Tätige Liebe – Kanon**

Text: Paul Weininger/Adolf Kolping; Musik: Martin Göth © bei den Autoren

Dankgebet

Vor dem Dankgebet erhalten die Kinder wieder ein Senfkorn aus dem „Garten".

Lieber Gott, wir freuen uns und danken dir dafür, dass dein Reich unter uns wächst und gedeiht wie das winzig kleine Senfkorn. Lass auch uns selbst durch deine Liebe groß und stark werden. Bleibe bei uns, heute den ganzen Tag und unser ganzes Leben lang. Amen.

Segen

Schlusslied **Gottes Segen sei mit dir**

Seite 45

Wie oft soll ich verzeihen?

Fastenzeit

Für das Vorbereitungsteam

Vorzubereiten sind:

- Jesus-Kerze
- Großes schwarzes Tuch (zu Beginn klein zusammengefaltet) oder mehrere schwarze Tücher, die zunächst übereinanderliegen und dann ausgebreitet werden
- Kleines buntes Tuch (evtl. in den Regenbogenfarben)
- Mindestens 77 bunte Krepppapierstreifen in den Farben des Regenbogens, die zu Beginn an die Kinder (und Erwachsenen) verteilt werden, 7 Kinder zum Helfen
- Zum Mitgeben am Ende des Gottesdienstes: Bastelbogen Papierfaltspiel „Streiten und Verzeihen" (nach dem alten Kinderfaltspiel „Himmel und Hölle"). Die Kinder werden mit diesem Spiel daran erinnert, dass es oft in ihrer Hand liegt, ob Streit oder Harmonie herrscht. (Zur Bastelvorlage siehe Umschlaginnenseite vorne.)

Dieser Gottesdienst zeigt, wie wichtig Verzeihen ist. Er ist gedacht zur Besinnung in der Fastenzeit und zur bewussten Vorbereitung auf das Osterfest.

PDF Mit Download

Eingangslied   Wir sind zu dir gekommen

1. und 3. Strophe, Seite 37

Begrüßung

Die Jesus-Kerze steht im Zentrum, ein kleines buntes Tuch und das zusammengefaltete schwarze Tuch liegen für die Gottesdienstleitung bereit.
Jetzt ist Fastenzeit. In dieser Zeit bereiten wir uns auf das Osterfest vor.

Die Natur erwacht langsam aus dem Winterschlaf und in den Häusern beginnt der Frühjahrsputz.

Die Fastenzeit ist wie ein Frühjahrsputz für uns selber. Da ist es gut, dass wir darauf vertrauen dürfen: Gott ist bei uns – immer und überall. Was immer auch geschieht, wir sind in Gottes Hand geborgen. Am Eingang habt ihr kleine bunte Streifen bekommen. Sie sind so bunt wie mein Tuch und haben die Farben des Regenbogens. *(Leiter/in zeigt das bunte Tuch und fordert die Kinder auf, ihre Streifen ebenfalls in die Höhe zu halten.)*

Wir winken uns alle damit gegenseitig zu. Farben zeigen uns, dass Gott unser Leben hell und froh machen will. Diese Frohe Botschaft hat uns Jesus gebracht.

 **Herr, erbarme dich**

Text und Musik: Martin Göth © beim Autor

Herr, er - bar - me dich. Herr, er - bar - me dich.

Leiter/in:	Jesus ist jetzt in unserer Mitte und möchte uns seine Freude und seine Liebe schenken. Wir grüßen ihn:
Sprecher/in:	Jesus, du hast alle Menschen lieb.
Alle:	Herr, erbarme dich.
Sprecher/in:	Jesus, du verzeihst allen, die dir Unrecht tun.
Alle:	Herr, erbarme dich.
Sprecher/in:	Jesus, du willst, dass auch wir einander verzeihen.
Alle:	Herr, erbarme dich.

Dazu legt die Leitung das bunte Tuch vor der Jesus-Kerze ab.

Hinführung zur Bibelstelle

Gott ist für uns da. Er liebt uns. Trotzdem gibt es bei uns manchmal Streit, Ärger und Zorn. Dadurch wird es dunkel mitten unter uns, so dunkel wie dieses Tuch, das ich hier habe.

Leiter/in zeigt das zusammengefaltete schwarze Tuch.

Plötzlich ist ein schwarzer Fleck auf unserem bunten Tuch.

Leiter/in legt das schwarze Tuch auf das bunte Tuch.

Der schwarze Fleck, unser Tuch, ist (noch) klein. Denn oft ist es eine Kleinigkeit, die einen Streit auslöst: Einer rempelt den anderen an. Eine sieht eine andere unfreundlich an. Einer grüßt den anderen nicht. Eine zeigt einer anderen den Vogel. Und schon ist der Wurm drin. Der nächste sagt: Wie du mir, so ich dir! und schlägt zurück – der schwarze Fleck wird größer.

Im Folgenden wird das Tuch nach und nach aufgeschlagen: Der erste lässt sich das nicht gefallen und sagt: Das bekommst du doppelt zurück. Und schon werden es immer mehr: Aus einer Ohrfeige werden 2, dann 4, dann 8, dann 16, dann 32, 64, 128 … *Es wird solange gezählt, bis das schwarze Tuch ganz ausgebreitet vor dem Altar bzw. in der Mitte des Raumes liegt.*

Und das ginge immer so weiter … In unserer Mitte ist es durch das Tuch ganz schwarz geworden. Es ist nicht gut, wenn es Streit gibt und oft tut es uns leid. Was können wir da tun? Hören wir auf Jesus! Auch er musste seinen Freunden erst erklären, wie sie miteinander umgehen sollen.

Bibelstelle ## Von der Pflicht zur Vergebung

Jesus wandert mit seinen Jüngern, Männern und Frauen, durch das Land. Tag und Nacht sind sie zusammen. Das ist nicht immer leicht. Immer wieder kommt es zum Streit zwischen ihnen. Jesus redet ihnen dann gut zu und schlichtet den Streit. Als wieder einmal einer mit Petrus streitet und ihn beleidigt, wird es Petrus zu viel und er sagt zu Jesus: „Wie oft muss ich ihm verzeihen, wenn er mir etwas antut und mich beleidigt? Siebenmal?" Und er denkt sich im Stillen: „So oft habe ich bestimmt schon verziehen. Jetzt ist es genug!"

Jesus aber lächelt ihn an und sagt: „Nein, Petrus, nicht siebenmal, sondern siebzig mal siebenmal!"

Da runzelt Petrus die Stirn und sagt: „Du meinst also, ich muss immer wieder verzeihen?"

„Genau so ist es!", antwortet ihm Jesus. „Denn Gott verzeiht auch dir immer wieder, wenn es dir leidtut und du ihn um Verzeihung bittest!"

(Matthäus 18,21–22 // Lukas 17,3b–4)

Lied-Ruf: Danke für dein gutes Wort

Text und Musik: Martin Göth © beim Autor

Aktion

Was Jesus meint, können wir uns jetzt anschauen. Sieben Kinder kommen zu mir nach vorne und legen ihre bunten Papierstreifen auf das dunkle Tuch.
Sieben Kinder legen ihre Streifen auf das dunkle Tuch – am besten gleich nach Farben ordnen, so wie sie dann in den Regenbogen passen.

Unsere Mitte ist schon etwas heller geworden, aber trotzdem ist das Dunkel noch stärker. Wir brauchen mehr Farbe: Nicht nur 7, sondern 70 und noch mehr. Darum kommt jetzt alle nach vorne und legt eure Streifen auf das schwarze Tuch.
Die Kinder – und eventuell einige Erwachsene – kommen mit ihren Krepppapierstreifen nach vorne und legen sie auf das schwarze Tuch und zwar so, dass über dem Tuch ein farbiger Regenbogen entsteht – dazu sind zwei oder drei Helfer/innen nötig.

Nun ist unsere Mitte nicht mehr dunkel. Aus den vielen kleinen Papierstreifen ist ein großer bunter Regenbogen entstanden. Das will Jesus dem Petrus und uns allen sagen:
Verzeiht einander immer wieder – ohne nachzurechnen. Nur so kann es wieder hell und bunt und schön werden in unserer Gemeinschaft.

Fürbitten

Leiter/in:	Wir vertrauen darauf, dass Gott uns unsere Schuld vergibt und dass er uns die Kraft schenkt, auch einander zu verzeihen. Darum bitten wir Gott, dass er uns verzeiht, so wie auch wir einander verzeihen. Wir tun dies mit der Bitte aus dem Vaterunser: Vergib uns unsere Schuld, wie auch wir vergeben unseren Schuldigern.
Alle:	Vergib uns unsere Schuld, wie auch wir vergeben unseren Schuldigern.

Sprecher/in:	Wir bitten für alle, die im Streit miteinander leben:
Alle:	Vergib uns unsere Schuld, wie auch wir vergeben unseren Schuldigern.
Sprecher/in:	Wir bitten für alle, die von anderen gekränkt und beleidigt worden sind:
Alle:	Vergib uns unsere Schuld, wie auch wir vergeben unseren Schuldigern.
Sprecher/in:	Wir bitten für alle, die auf andere keine Rücksicht nehmen:
Alle:	Vergib uns unsere Schuld, wie auch wir vergeben unseren Schuldigern.
Leiter/in:	So wollen wir nun das Gebet singen/sprechen, das Jesus seine Jüngern gelehrt hat:

Vaterunser

Gesungen: Seite 42

Friedensgruß

Das schwarze Tuch liegt immer noch da. Aber die bunten Streifen machen einen Regenbogen daraus und strahlen umso heller in unserer Mitte. Die Streifen sagen uns: Auch wenn es immer wieder einmal Streit gibt zwischen uns, kann es doch ganz schnell wieder hell werden in unserer Gemeinschaft. Jeder und jede von uns kann dazu betragen. Darum wollen wir jetzt aufeinander zugehen und uns gegenseitig zeigen: Ich möchte mit dir in Frieden leben. Geben wir uns nun ein Zeichen der Versöhnung und der Gemeinschaft. Reichen wir einander die Hand und sagen:
Der Friede sei mit dir!

Es sollte genügend Zeit eingeplant werden, damit die Gottesdienstteilnehmer nicht nur den Nachbarn den Frieden wünschen, sondern je nach Teilnehmerzahl möglichst allen!

Friedenslied **Gebt Gottes Frieden weiter**

Seite 44

Dankgebet

Guter Gott, in deiner Hand sind wir geborgen. Du liebst uns. Wie ein bunter Regenbogen verbindet uns deine Liebe miteinander. Du schenkst uns die Kraft, dass wir gut zueinander sind. Dafür danken wir dir von ganzem Herzen. Amen.

Segen

Wir können immer wieder einen neuen Anfang machen. Besonders jetzt in der Fastenzeit, wenn wir uns auf Ostern vorbereiten, auf das Fest des Lebens und der Freude. Dazu segne uns alle der liebende und verzeihende Gott, der Vater, der Sohn und der Heilige Geist.

Schlusslied **Wer lächelt, statt zu toben**

Seite 47

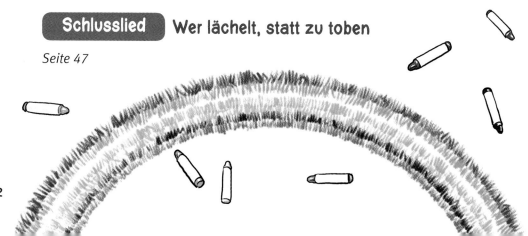

Jesus setzt sein Leben ein

Karfreitag, Kreuzweg

(nach einer Idee von Mathilde Bachmeier und
Thomas Brunnhuber)

Für das Vorbereitungsteam

Ziel des Gottesdienstes ist es, den Kindern die letzten Stunden Jesu aufzuzeigen und die Möglichkeit zu geben, sie nachzuerleben.

Die offizielle Karfreitagsliturgie ist die nüchternste und am wenigsten für Kinder geeignete Gottesdienstform des Kirchenjahres. Dennoch ist es wünschenswert, dass die Kinder das Ostertriduum („die drei Ostertage") mit einem feierlichen Gottesdienst am Karfreitag beginnen. Der Vormittag des Karfreitags bietet sich dazu an. Die vorliegende Andacht kann aber auch kurz vor den Osterferien (z.B. am Freitag vor dem Palmsonntag) oder in den Ferien gefeiert werden. Wichtig beim Karfreitagsgottsdienst für Kinder ist, dass die Kinder verinnerlichen: nicht der Tod hat für uns Christen das letzte Wort, sondern Jesus ist auferstanden. Deshalb ist es sinnvoll, einen kleinen Ausblick auf Ostern zu geben.

Für diese Feier wird benötigt:
- Jesus-Kerze
- Strick, Dornenkrone
- Ein großer Palmbuschen/Palmstock
- Drei lange, breite Bänder (Schals) für die Kreuzverehrung in den
- Farben rot, grün, gold
- Buchszweige (als Eintrittszeichen), mit einem Band geschmückt; möglichst viele Farben besorgen, damit ein buntes Bild entsteht.
- Xylophon (mit tiefen Tönen)
- Ein Kreuz (ohne Korpus!), das hinter der Jesus-Kerze im Altarraum aufgestellt ist, wird mit einem schwarzen Tuch verdeckt.

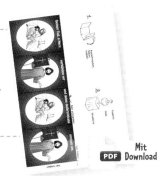

Mit PDF Download

- Zum Mitgeben am Ende des Gottesdienstes: Bastelbogen für ein Osterkerzen-Teelicht „Deinen Tod, o Herr, verkünden wir und deine Auferstehung preisen wir!" (Zur Bastelvorlage siehe Umschlaginnenseite vorne.)

Eingangslied Erhöre, Herr, erhöre mich

Seite 40

Begrüßung

Liebe Kinder! Wir wollen heute an die letzten Stunden von Jesus denken, an sein Leiden und Sterben. *(Auf das dunkel verhüllte Kreuz hinweisen und auf einem Xylophon tiefe Töne spielen.)*

Mit unseren Gedanken, mit unserem Herzen wollen wir dabei Jesus auf seinem Weg begleiten. Und wir wollen ihm Danke sagen für alles, was er uns Gutes getan hat. Beginnen wir unsere Feier im Namen des Vaters und des Sohnes und des Heiligen Geistes. Amen.

Leiter/in geht zur Jesus-Kerze vor dem Altar und zündet sie an.
Jesus ist in dieser Feier bei uns. Unsere brennende Kerze soll uns dafür Zeichen sein.

Kyrie Herr, erbarme dich

Text und Musik: Martin Göth © beim Autor

Herr, er - bar - me dich. Herr, er - bar - me dich.

Leiter/in:	Jesus, du bist mitten unter uns.
Alle:	Herr, erbarme dich.
Leiter/in:	Jesus, du bist das Licht in der Dunkelheit.
Alle:	Herr, erbarme dich.
Leiter/in:	Jesus, du bist stärker als der Tod.
Alle:	Herr, erbarme dich.

Hinführung zur Passion Jesu

Jesus hatte einen schweren Weg zu gehen. Hören wir nun, wie alles begonnen hat: Jesus kommt auf einem Esel nach Jerusalem geritten und viele Menschen rufen ihm zu: „Jesus! Du bist unser König! Hosanna! Hosanna!" *(Palmbuschen wird gezeigt.)* Auch ihr, liebe Kinder, dürft Jesus zujubeln. Kommt doch mit euren Zweigen nach vorne. Gemeinsam singen wir den Hosanna-Kanon. *(Kinder nehmen ihren Buchszweig. Sie gehen um den Altar, auf dem die Jesus-Kerze steht, und singen:)*

Lied: Hosanna-Ruf

Seite 41, zuerst einstimmig und dann als Kanon. Wenn viele Kinder da sind, können auch drei Kreise gebildet werden. Der erste Kreis geht nach rechts, der zweite nach links und der dritte nach rechts. Dazu wird der Kanon dreistimmig gesungen. Zum Schluss wird der Palmbuschen zur Jesus-Kerze gelegt, die Buchszweige nehmen die Kinder auf ihre Plätze mit.

Die Leidensgeschichte Jesu

Leiter/in: Hören wir nun, wie es mit Jesus weitergeht: Jesus wird gefangen genommen.

Sprecher/in: „Jesus! Du bist unser König!" – Das haben nicht alle Menschen damals gerufen. Jesus hat auch Feinde – mächtige Männer. Sie sagen: „Jesus heilt am Ruhetag. Er isst mit den Sündern. Das ist streng verboten!" Sie sagen: „Er erzählt von Gott. Aber das ist unsere Aufgabe!" So beschließen sie, Jesus umzubringen. Sie suchen nach einer Gelegenheit. Ein paar Tage später ist es so weit. Nach dem Abendmahl mit seinen Freunden geht Jesus in den Garten am Ölberg. Es ist dunkle Nacht. Es ist dunkel in seinem Herzen. *(Auf dem Xylophon werden wieder dunkle Töne angeschlagen.)* Jesus betet. Doch da kommen die Soldaten. Sie nehmen Jesus gefangen. Sie führen ihn ab. *(Die Kinder legen einen Strick um die Jesus-Kerze.)*

Leiter/in: Jesus, du bist unser Freund und Bruder. Wir halten zu dir.

Alle: Jesus – wir halten zu dir!

Lied: Mit Jesus wollen wir gehen

Text und Musik: Martin Göth © beim Autor

Die Kinder nehmen dazu ihre Zweige und halten sie mit beiden Händen! Anschließend wieder auf die Bank legen.

Leiter/in:	Pilatus verurteilt Jesus zum Tode.
Sprecher/in:	Die Soldaten bringen Jesus zu Pilatus, dem römischer Statthalter. Pilatus fragt ihn: „Bist du ein König?" Jesus antwortet: „Ja, ich bin König!" Da sagt Pilatus zu den Leuten: „Was soll ich eurem König tun?" Sie schreien: „Bring ihn um!" Pilatus fragt: „Was hat er denn Böses getan? Ich finde keine Schuld!" Die Menschen aber schreien noch lauter: „Ans Kreuz mit ihm!" Da tut Pilatus, was die Leute wollen. Er verurteilt Jesus. Die Soldaten führen Jesus wie einen Verbrecher ab. Sie spucken ihn an und verspotten ihn. Sie setzen ihm eine Krone aus Dornen auf den Kopf. *(Die Kinder legen eine Dornenkrone auf ein kleines Kissen zur Jesus-Kerze.)*
Leiter/in:	Jesus, du bist unser Freund und Bruder. Wir halten zu dir.
Alle:	Jesus – wir halten zu dir!

Lied: Mit Jesus wollen wir gehen

Die Kinder nehmen dazu wieder ihre Zweige und halten sie mit beiden Händen.

Leiter/in:	Jesus stirbt am Kreuz.
Sprecher/in:	Jesus trägt ein schweres Kreuz auf den Berg Golgota. Nun nageln ihn die Soldaten ans Kreuz. Sie richten das Kreuz auf. *(Das schwarze Tuch wird vom Kreuz entfernt.)* Jesus hängt zwischen Himmel und Erde. Er sieht auf die Menschen und betet: „Vater, vergib ihnen! Sie wissen nicht, was sie tun!" Es wird ganz dunkel um ihn. Es wird Nacht, mitten am Tag. Dann stirbt er. Jesus ist tot! *(Die Jesus-Kerze wird ausgeblasen.)*

Lied: Mit Jesus wollen wir gehen

Kreuzverehrung

Die Kinder werden eingeladen, auf das Kreuz zu schauen.

Leiter/in: Jesus, du unser Freund …

Alle: … wir halten zu dir! *(Breites, rotes Band um das Kreuz legen.)*

Leiter/in: Jesus, du unser Leben …

Alle: … wir halten zu dir! *(Grünes Band um das Kreuz legen.)*

Leiter/in: Jesus, du unsere Hoffnung …

Alle: … wir halten zu dir! *(Goldenes Band um das Kreuz legen.)*

Leiter/in: Darum versammeln wir uns jetzt um das Kreuz. Wir wollen es verehren. Wir wollen Jesus ehren. Mit unseren grünen Zweigen (geschmückt mit bunten Bändern) wollen wir ihm „Danke" sagen.

Die Kinder werden eingeladen, langsam in einer Prozession zum Kreuz zu gehen, ihre Zweige um das Kreuz zu legen und sich zunächst links und rechts vor das Kreuz aufzustellen (sodass sie die nachkommenden Kinder nicht behindern). Anschließend stellen sich die Kinder im Halbkreis auf, wenn nötig in mehreren Reihen.

Leiter/in: Wir nehmen einander bei den Händen und verneigen uns.

Segen

Wir bitten um Gottes Segen. Es segne und behüte uns und alle Menschen der gute Gott, der Vater und der Sohn und der Heilige Geist. Amen.

Schlusslied   Deinen Tod, o Herr, verkünden wir – Kanon

Seite 41

Auferstanden ist der Herr!

Ostern, Osterzeit

(nach einer Idee von Andreas Ring)

Für das Vorbereitungsteam

Dieser Gottesdienst ist gedacht für die ersten Wochen nach dem Ostersonntag.

Die Auferstehung Jesu ist das zentrale christliche Glaubensgeheimnis, das 50 Tage lang gefeiert wird.

Für den Gottesdienst werden benötigt:
- Jesus-Kerze und lange Zündhölzer
- Klangschale
- Schwarzes Tuch und bunte Tücher (jedes Kind bringt ein buntes Tuch mit, schon in der Einladung darauf hinweisen!)
- Gespülte leere Gläser (z.B. Gläser für Babynahrung), bemalt, um darin Teelichter hineinzustellen oder andere kleine Teelicht-Gläser
- Zum Mitgeben am Ende des Gottesdienstes: Sticker „Jesus ist auferstanden" (siehe beiliegender Stickerbogen)

Die Jesus-Kerze steht in der Mitte auf einem schwarzen Tuch und ist nicht angezündet.

Eingangslied Klatscht alle in die Hände

Seite 38; Klangschale anschlagen

Begrüßung

Wenn ihr in die Mitte schaut, dann fällt euch heute bestimmt gleich etwas auf: Die Kerze brennt nicht. Die Kerze ist für uns ein Zeichen. Sie sagt uns: Jesus ist da. Es gab aber eine Zeit, in der die Menschen glaubten, Jesus wäre nicht da. Jesus hätte sie verlassen. Die Menschen, die Jesus folgten, waren darüber sehr traurig. Sie fragten sich: „Warum ist Jesus nicht mehr bei uns?"

Kyrie Jesus, wo bist du?

Seite 39

Gebet

Liebender Gott, Jesus, dein Sohn, hat uns untereinander zu Freunden gemacht. Er hat uns gezeigt, wie wir leben sollen. Seine Liebe ist unter uns immer noch spürbar. Lass uns immer wieder deine Nähe erfahren. Darum bitten wir durch Jesus, deinen Sohn und unseren Herrn. Amen.

Halleluja Auferstanden ist der Herr

Seite 47

Zum Lied kann die Bibel in einer feierlichen Prozession mit Kerzen zum Ambo getragen werden.

Bibelstelle Die Botschaft des Engels am leeren Grab

Du weißt sicher noch, was mit Jesus geschehen ist: Jesus wurde von seinen Feinden getötet. Seine Jünger, seine Freunde waren darüber furchtbar traurig. Sie hatten selbst keine Freude mehr am Leben. Sie wussten auch nicht, was sie ohne Jesus tun sollten. Doch dann geschah etwas Unerwartetes. Dies erzählt uns Matthäus in seinem Evangelium:

Jesus ist tot. Es ist Sonntagmorgen. Maria aus dem Ort Magdala und ihre Freundin, die auch Maria heißt, machen sich zusammen auf den Weg. Sie gehen zu dem Grab, in dem Jesus liegt. Plötzlich bleiben sie stehen. Die Erde beginnt zu beben. Sie sehen, wie ein Engel den Stein vor dem Grab wegwälzt und sich darauf setzt. Der Engel leuchtet sehr hell und sein Gewand ist strahlend weiß. Die Wächter, die das Grab bewachen, fallen vor Schrecken um. Der Engel aber sagt zu den Frauen: „Habt keine Angst! Ich weiß, ihr sucht Jesus, der am Kreuz gestorben ist. Er ist aber nicht hier. Er ist auferstanden. Kommt her und seht euch die Stelle an, wo er lag. Dann geht schnell zu den Jüngern und sagt ihnen: Jesus ist auferstanden!"

Die zwei Frauen sehen in das leere Grab. Sofort laufen beide, getrieben von Furcht und großer Freude, zu den Jüngern, um ihnen die Botschaft des Engels zu erzählen: Jesus ist auferstanden!

(Matthäus 28,1–8 // Markus 16,1–8 // Lukas 24,1–12 // Johannes 20,1–13)

Aktion

Der Engel hat es den Frauen gesagt: Jesus ist auferstanden! Und die Frauen haben das leere Grab gesehen. Sie wissen nun: Sie müssen nicht mehr traurig sein. Jesus, der ihnen genommen wurde, ist nicht tot. Er lebt!

Unsere Kerze ist dafür ein Zeichen. *(Kerze mit langem Zündholz anzünden.)* Voll Freude liefen die Frauen zu den Jüngern, zu den Freunden Jesu und erzählten ihnen, was sie am Grab erlebt haben.

Die Welt war für die Freunde Jesu dunkel und leer. Doch jetzt wissen sie: Jesus lebt! Auch wir freuen uns heute noch darüber.

Ihr habt bunte Tücher bei euch. Zum Zeichen der Freude winken wir mit unseren Tüchern. Anschließend legt ihr eure Tücher in die Mitte.

Die Kinder bewegen sich im Raum und winken mit ihren Tüchern. Dazu wird das Lied gesungen. Die Kinder legen ihre Tücher anschließend in die Mitte, bis die Tücher das schwarze Tuch überdecken.

Lied: Auferstanden ist der Herr

Seite 47

Fürbitten

Leiter/in: Unsere Mitte ist jetzt ganz bunt. Jesus macht unser Leben bunt und hell, denn wir wissen: Er lebt und ist immer bei uns. So dürfen wir ihm auch unsere Bitten sagen: *(Zu jeder Bitte wird ein Teelicht in ein buntes Glas gegeben und zur Mitte gestellt.)*

Sprecher/in: Jesus, viele Menschen haben Sehnsucht nach Licht und Wärme in ihrem Leben. Herr, wir bitten dich:

Alle: Komm und mache ihr Leben hell!

Sprecher/in:	Jesus, viele Menschen sind traurig, müssen weinen und leben in Streit mit ihren Mitmenschen. Herr, wir bitten dich:
Alle:	Komm und mache ihr Leben hell!
Sprecher/in:	Jesus, viele Kinder leiden an Hunger und wissen nicht, ob sie morgen etwas zu essen haben. Herr, wir bitten dich:
Alle:	Komm und mache ihr Leben hell!
Sprecher/in:	Jesus, viele Kinder können nicht in einer tragenden Familie leben, weil sich ihre Eltern streiten und nicht mehr verstehen. Herr, wir bitten dich:
Alle:	Komm und mache ihr Leben hell!
Leiter/in:	Guter Gott, durch deinen Sohn hast du Licht in unser Leben gebracht. Höre unsere Bitten und schenke uns dein Erbarmen. Dich loben und preisen wir in Ewigkeit.
Alle:	Amen.

Vaterunser

Jesus ist auferstanden und lebt. Dafür danken wir Gott und loben ihn. Miteinander beten wir zu ihm: Vater unser … *(Gesungen: Seite 42)*

Friedensgruß

Voller Freude erzählten die Frauen den Jüngern die Gute Nachricht: Jesus lebt! Jesus lebt auch für uns. Darüber dürfen wir uns freuen. Diese Freude wollen wir weitergeben. Dies tun wir, indem wir uns den Frieden wünschen. *(Alle Anwesenden reichen sich die Hand zum Friedensgruß.)*

Friedenslied Gebt Gottes Frieden weiter

Seite 44

Jesus sagt, wir selber sollen Licht sein. Auch wir können Licht zu anderen Menschen bringen, auf andere Menschen achtgeben. Dann wird es um uns herum heller.
Jedes Kind bekommt ein Glas mit einem Teelicht. An der Osterkerze wird das erste Teelicht entzündet. Dieses Licht wird dann weitergegeben.

Schlussgebet

Guter Gott, dein Sohn ist für uns gestorben und auferstanden. Sein Leben bringt Licht in unsere Welt. Lass auch uns das Licht weitergeben und das Leben unserer Mitmenschen heller machen. Darum bitten wir durch Jesus, unseren Bruder und Herrn. Amen.

Segen

Es segne uns Gott, der Vater, der uns seine Liebe schenkt; es segne uns Gott, der Sohn, der unser Leben mit seinem Licht erhellt; es segne uns Gott, der Heilige Geist, der uns durch seine Nähe stärkt. Amen.

Schlusslied Gottes Segen sei mit dir

Seite 45

Wir sind zu dir gekommen

Text: Rolf Krenzer © Rolf Krenzer Erben, Dillenburg, Musik: Martin Göth © beim Autor

2. Wir sind zu dir gekommen
und gehen nicht mehr fort.
Wir wollen, Herr, dich loben
und hören auf dein Wort!

3. Du hast uns eingeladen
und lässt uns nicht allein.
Drum sind wir hergekommen
und wollen bei dir sein.

Klatscht alle in die Hände

Text: Rolf Krenzer © Rolf Krenzer Erben, Dillenburg, Musik: Martin Göth © beim Autor

1. Klatscht al - le in die Hän - de. Klatscht al - le mit und singt.
Klatscht al - le in die Hän - de: Der Got - tes - dienst be - ginnt!

2. Gebt alle euch die Hände,
   wenn ihr zusammen singt.
   Gebt alle euch die Hände:
   Der Gottesdienst beginnt.

3. Jetzt faltet eure Hände,
   wenn wir zusammen sind.
   Jetzt faltet eure Hände:
   Der Gottesdienst beginnt!

4. Und singt mit lauter Stimme,
   wenn wir zusammen sind.
   Ja, singt mit lauter Stimme:
   Der Gottesdienst beginnt.

Kyrie-Rufe

Text und Musik: Martin Göth © beim Autor

Ky - ri - e, Ky - ri - e e - lei - - - son. son.

Text und Musik: Martin Göth © beim Autor

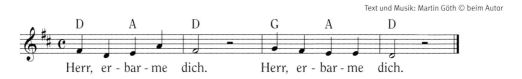

Herr, er - bar - me dich. Herr, er - bar - me dich.

Jesus, wo bist du?

Text: Andreas Ring; Musik: Martin Göth © bei den Autoren

V: Je-sus, wo bist du? A: Komm, Herr, und er-bar-me dich!

V: Je-sus, unser Freund! A: Komm, Herr, und er-bar-me dich!

V: Je-sus, wo bist du? A: Komm, Christus und er-bar-me dich!

V: Je-sus, unsre Kraft! A: Komm, Christus, und er-bar-me dich!

V: Je-sus, wo bist du? A: Komm, Herr, und er-bar-me dich!

V: Je-sus, unsre Hoffnung! A: Komm, Herr, und er-bar-me dich!

Bitt-Lieder

Erhöre, Herr, erhöre mich

Text und Musik: Martin Göth © beim Autor

Er - hö - re, Herr, er - hö - re mich und lass mich nicht al - lein.

Er - hö - re, Herr, er - hö - re mich. Du wirst stets bei mir sein.

1. Ist es dun - kel um mich her. Herr, du bist bei mir.

Ich füh - le dich, ich spü - re dich, ich bin ganz nah bei dir.

2. Muss ich gehn durch dunkle Nacht,
   Herr, du bist bei mir ...

3. Lässt die Welt mich ganz allein,
   Herr, du bist bei mir ...

4. Habe ich auch keinen Mut,
   Herr, du bist bei mir ...

Wir bitten dich, erhöre uns

Text und Musik: Martin Göth © beim Autor

Wir bitten dich: Er - hö - re uns, __ er - hö - re uns, o Herr.

Hosanna-Kanon

Text und Musik: Martin Göth © beim Autor

1. Ho - san - na, Ho - san - na, Ho - san - na un-serm Kö-nig,

2. Ho - san - na dem, der kommt in Herr-lich - keit.

3. Ho - san - na in der Hö - - he!

Deinen Tod, o Herr, verkünden wir – Kanon

Musik: Martin Göth © beim Autor

1. Dei - nen Tod, o Herr, ver - kün - den wir.

2. Dei - ne Auf - er - steh-ung prei - sen wir,

3. bis du kommst in Herr - lich - keit.

Vaterunser

Text: Liturgie; Musik: Martin Göth © beim Autor

V: Va - ter un - ser, der du bist im Him - mel, *A:* ge -

hei - ligt wer - de dein Na - me, *V:* dein Reich kom - me, dein Wil - le ge -

sche - he, *A:* ge - hei - ligt wer - de dein Na - me, *V:* wie im

Him - mel, al - so auch auf Er - den, *A:* ge - hei - ligt wer - de dein

Na - me. *V:* Un - ser täg - li - ches Brot gib uns heu - te, *A:* ge -

hei - ligt wer - de dein Na - me. *V:* Und ver - gib uns un - se - re

Schuld, wie auch wir ver - ge - ben un - sern Schul - di - gern.

V: Va - ter un - ser, der du bist im Him - mel, *A:* ge - hei - ligt

wer - de dein Na - me, *V:* dein Reich kom - me, dein Wil - le ge -

Gebt Gottes Frieden weiter

Text: Rolf Krenzer © Rolf Krenzer Erben, Dillenburg, Musik: Martin Göth © beim Autor

1. Gebt Got-tes Frie-den wei-ter von Hand zu Hand.

2. So ge-ben wir ihn wei-ter von Land zu Land.

3. Von Hand zu Hand von Land zu Land Scha-lom, ein Frie-dens-band.

Tätige Liebe – Kanon

Text: Paul Weininger/Adolf Kolping, Musik: Martin Göth © bei den Autoren

1. Tä-ti-ge Lie-be heilt al-le Wun-den. 2. Blo-ße Wor-te
mehren nur den Schmerz. 3. Auf, packt mit an und fasst euch ein Herz!

44

Gottes Segen sei mit dir

Text und Musik: Martin Göth © beim Autor

2. Gottes Liebe sei mit dir … .
3. Gottes Freude sei mit dir … .

Bewegungen zum Lied:

Gottes Segen	*Hände nach oben*
sei mit dir.	*auf den anderen deuten*
Gottes Segen	*Hände nach oben*
sei mit mir.	*beide Hände vor das eigene Herz*
Neben dir,	*Nachbar/in bei der Hand nehmen*
unter dir,	*mit den gefassten Händen tief nach unten*
über uns allen sei Gottes gute Hand,	*gefasste Hände nach oben*
über uns allen sei Gottes gute Hand.	*mit gefassten Händen oben winken*

Das kleine Senfkorn

Text: Paul Weininger; Musik: Martin Göth © bei den Autoren

1. Kommt na-he he-ran! Kommt na-he he-ran und seht das klei-ne Senf-korn an, so win-zig klein, so zart und fein, dass man es fast nicht se-hen kann.

2. Was wird nun geschehn?
   Was wird nun geschehn?
   Wie wird's dem Senfkorn nun ergehn?
   So winzig klein, so zart und fein?
   Wird es vielleicht der Wind verwehn?

3. Und dann? Was ist dann?
   Und dann? Was ist dann?
   Das Senfkorn fängt zu wachsen an!
   Es grünt und blüht! Es grünt und blüht
   und wächst zu einem Baum heran!

4. Es ist wie im Traum!
   Es ist wie im Traum!
   Das Senfkorn ist ein großer Baum!
   Aus winzig klein wird riesengroß,
   so riesengroß, man glaubt es kaum!

5. Das ist wunderschön!
   Das ist wunderschön!
   So wird es allen Kleinen gehn.
   Aus winzig klein wird riesengroß,
   wenn wir mit Gottes Augen sehn.

Wer lächelt, statt zu toben

Text: Paul Weininger; Musik: Martin Göth © bei den Autoren

Wer lächelt, statt zu toben, wer schmunzelt, statt zu schrein, der
wird in sei-nem Le-ben im-mer der Stärkere sein. La
la la la la la la la la la la la la la. Wer

Auferstanden ist der Herr

Text und Musik: Martin Göth © beim Autor

1. Auf-er-stan-den ist der Herr, auf-er-stan-den ist der
Herr. Hal-le-lu - - ja, Hal-le-lu - -
ja. Hal-le-lu - - ja, Hal-le-lu - - ja.

2. Halleluja, Jesus lebt! Halleluja …
3. Jesus geht den Weg mit uns. Halleluja …

Gerne nehmen wir Ihre Anregungen, Wünsche, Kritik oder Fragen entgegen:
Don Bosco Medien GmbH, Sieboldstraße 11, 81669 München
anregungen@donbosco-medien.de
Servicetelefon: (0 89) 4 80 08-3 41

Keine Sticker mehr vorrätig?

Stickerbögen können nachbestellt werden über:
www.donbosco-medien.de

In gleicher Ausstattung erschienen

ISBN 978-3-7698-2007-2 ISBN 978-3-7698-2006-5 ISBN 978-3-7698-2047-8 ISBN 978-3-7698-2048-5

Bibliografische Information der Deutschen Nationalbibliothek
Die Deutsche Nationalbibliothek verzeichnet diese Publikation
in der Deutschen Nationalbibliografie; detaillierte bibliografische
Daten sind im Internet über http://dnb.d-nb.de abrufbar.

1. Auflage 2014 / ISBN 978-3-7698-2046-1
© 2014 Don Bosco Medien GmbH, München
www.donbosco-medien.de
Umschlag und Layout: ReclameBüro München
Illustrationen: Mile Penava
Notensatz: Nikolaus Veeser
Satz: Don Bosco Medien GmbH, München
Produktion: GrafikMediaProduktionsmanagement, Köln

Gedruckt in Polen